LECTURA

CONEXIONES DE SEAHORSE

AYUDANDO A MI HIJO

Una guía para el acompañamiento lector

2º GRADO

SEAHORSE
PUBLISHING

ÍNDICE

LA CIENCIA DE LA LECTURA

La lectura es una habilidad esencial para tener éxito en la escuela y en la vida. Para entender cómo los niños aprenden a leer, los padres de familia deben tener conocimientos de la ciencia de la lectura.

La *ciencia de la lectura* es un término que se refiere a más de 20 años de investigación realizada por expertos en la forma en la que la gente aprende a leer. La investigación muestra que la lectura no se desarrolla de manera natural. Para mucha gente, requiere de un gran esfuerzo. Aprender a leer es más efectivo cuando sucede a través de un proceso paso a paso basado en estrategias y técnicas respaldadas por investigaciones comprobadas.

Una buena enseñanza de lectura está compuesta de varias partes importantes. Ayuda a los estudiantes a desarrollar habilidades de conciencia fonológica, en el método fonético (phonics), fluidez, vocabulario y comprensión. Todas estas habilidades ayudan a los estudiantes a construir caminos en su cerebro que conectan las palabras con sus sonidos, escritura y significados. Al usar la ciencia de la lectura como una guía, padres de familia y maestros podrán ayudar a nuestros hijos en el proceso de aprendizaje de la lectura.

Esta guía está diseñada para que los padres de familia puedan ayudar a sus hijos en el proceso de aprendizaje de la lectura en inglés, aunque también puede servir de base para el acompañamiento lector en otros idiomas.

CLAVES PARA UNA ENSEÑANZA DE LECTURA EFECTIVA

Conciencia fonológica: La habilidad para reconocer, pensar y trabajar con los sonidos que conforman las palabras habladas.

El método fonético (phonics): La comprensión de la relación entre los sonidos y las letras que los representan por escrito.

Fluidez: La habilidad para leer rápido y de manera precisa.

Vocabulario: La comprensión de los significados de las palabras.

Comprensión: La obtención de significados a través de la lectura.

CREANDO LECTORES HÁBILES

Leer va más allá de pronunciar las palabras. Los lectores hábiles deben reconocer las palabras, así como entender sus significados en un nivel profundo. Entretejen las habilidades de memorización, fonéticas, de vocabulario, los conocimientos previos y más.

LA CUERDA DE LA LECTURA DE SCARBOROUGH

Decodificación

Conciencia fonológica

Reconocimiento visual

Reconocimiento de las palabras

Conocimiento del vocabulario

Conocimientos previos

Estructuras del lenguaje

Conocimiento literario

Razonamiento verbal

Comprensión lingüística

Lectura hábil

Para mostrar cómo los niños hacen uso de una variedad de habilidades para convertirse en lectores hábiles, la Dra. Hollis Scarborough creó la Cuerda de la Lectura. En 2001, este modelo fue publicado en el *Handbook of Early Literacy Research* (Manual de investigación sobre alfabetización temprana), de Neuman/Dickinson.

LAS CONCIENCIAS FONOLÓGICA Y FONÉMICA

ESCUCHANDO LOS SONIDOS DE LAS PALABRAS

Las conciencias fonológica y fonémica son habilidades de prelectura importantes. Describen la habilidad de un niño para escuchar, identificar y jugar con los sonidos en el lenguaje hablado. Estas habilidades forman un fundamento esencial para el desarrollo de la lectura y la escritura en el segundo grado y más allá.

Los niños demuestran poseer una conciencia fonológica cuando reconocen y manipulan, o modifican, partes de las palabras escritas. La conciencia fonémica es la última habilidad de conciencia fonológica en desarrollarse. Los niños que dominan la conciencia fonémica pueden oír, reconocer y jugar con los sonidos individuales, o fonemas, de las palabras habladas.

ESCALONES EN LA CONCIENCIA FONOLÓGICA EN INGLÉS

3 a 4 años	Enuncia palabras que riman, reales e imaginarias.
4 a 5 años	Aplaude o da golpecitos al pronunciar las sílabas de las palabras. Reconoce palabras que inician con el mismo sonido. Segmenta o separa los sonidos de las palabras de tres sonidos. Fusiona o combina sonidos individuales para crear palabras con tres sonidos. Cuenta el número de sonidos en palabras de tres sonidos.
5 a 6 años	Segmenta o separa cada sonido en palabras con cuatro sonidos. Identifica el primero y el último sonido de cada palabra. Agrupa palabras con el mismo sonido inicial. Identifica qué palabras no riman en grupos de tres palabras. Identifica qué palabra no es igual en grupos de tres palabras.
6 a 7 años	Omite sílabas en las palabras cuando se le pide que lo haga. Omite sonidos en las palabras cuando se le pide que lo haga. Sustituye sílabas en las palabras cuando se le pide que lo haga. Sustituye sonidos en las palabras cuando se le pide que lo haga.
7 a 8 años	Utiliza sus habilidades de conciencia fonológica para deletrear palabras.

ACTIVIDADES PARA LA CONSTRUCCIÓN DE LA CONCIENCIA FONOLÓGICA

A LA CAZA DE LAS SÍLABAS

Busque en casa objetos cuyos nombres tengan más de una sílaba. Diga en voz alta la palabra y levante un dedo por cada una de sus partes. Por ejemplo, diga «bed-room» para *bedroom*, y «ma-ca-ro-ni» para *macaroni*.

CÁMBIALA

Piense en una palabra de una sola sílaba. Pida a su hijo que, en la palabra, cambie el sonido inicial, el de en medio o el final para crear una palabra nueva. Use el ejemplo siguiente, leyendo las letras entre diagonales como sonidos.

Padre de familia: Cambia el sonido /st/ en *stop* por /sh/. ¿Qué palabra es?

Hijo: *Shop.*

Padre de familia: ¡Bien hecho! Ahora, cambia el sonido /ō/ en *float* por /ă/. ¿Qué palabra es?

Hijo: *Flat.*

Padre de familia: Bien pensado. Intenta cambiar el sonido /nk/ en *sink* por /ng/. ¿Qué palabra es?

Hijo: *Sing.*

Padre de familia: ¡Excelente! ¡Lo lograste!

JUEGO DE PALABRAS MÁGICAS

El adulto dice una palabra. El niño cambia el sonido del principio, la mitad o el final para crear una palabra distinta y decir qué fue lo que cambió. El adulto cambia el sonido del principio, la mitad o el final de la palabra dicha por el niño para crear una palabra distinta y decir lo que cambió. Sigan así alternándose. ¿Hasta dónde pueden llegar? Use este ejemplo, leyendo las palabras entre diagonales como sonidos.

Padre de familia: *Mop.*

Niño: *Top.* Cambié /m/ por /t/.

Padre de familia: *Stop.* Cambié /t/ por /st/.

Niño: *Step.* Cambié /ŏ/ por /ě/.

Padre de familia: *Stem.* Cambié /p/ por /m/.

Niño: *Them.* Cambié /st/ por /th/.

Padre de familia: Hmm. No me viene a la mente otro cambio que pueda crear una palabra real. ¡Tú ganas!

EL MÉTODO FONÉTICO (PHONICS):

LAS LETRAS FORMAN SONIDOS

El método fonético (phonics) se refiere al conocimiento de que las letras y su combinación representan sonidos. Es una habilidad esencial para lectores principiantes. Los niños que tienen el privilegio de ser instruidos en el método fonético se convierten en mejores lectores y mejoran su ortografía.

Todas las palabras están hechas de sonidos. La palabra *dog* tiene tres sonidos. Cada letra representa un sonido. La palabra *light* tiene tres sonidos. Las letras *igh* representan un sonido. El idioma inglés tiene 44 sonidos para todas sus palabras. En cualquier caso, su alfabeto sólo tiene 26 letras. Algunas letras pueden tener más de un sonido. Otras letras se unen para crear sonidos diferentes. Es una especie de código que los lectores principiantes deben descubrir.

BENEFICIOS DEL MÉTODO FONÉTICO

- Mejora las habilidades de lectura.
- Habilidad para empatar más rápidamente letras con sonidos.
- Facilidad para pronunciar correctamente palabras desconocidas.
- El nivel de lectura se incrementa más rápido.

MÉTODO FONÉTICO 101

¿CONSONANTE O VOCAL?

Las letras consonantes son *b, c, d, f, g, h, j, k, l, m, n, p, q, r, s, t, v, w, x, y* (como en *you*) y *z*.

Las letras vocales son *a, e, i, o, u* e *y* (como en *my* y en *baby*). Las vocales cortas se representan con un símbolo curvo, como una sonrisa, en la parte superior: /ă/. Las vocales largas se representan con una línea horizontal en la parte superior: /ā/.

ACTIVIDADES PARA LA CONSTRUCCIÓN DE HABILIDADES FONÉTICAS

LETRAS EN CREMA PARA AFEITAR

Coloque crema para afeitar en una bandeja de horno grande. Extiéndala de manera uniforme. Escoja una letra o grupo de letras que hagan un solo sonido y dígalos en voz alta. Con un dcdo, escriba la letra en la crema para afeitar y diga su nombre. Pronuncie el sonido que hace la letra mientras la subraya. ¡También lo puede hacer con crema para batir!

VOCALES CORTAS EN ACCIÓN

Ayude a su hijo a recordar los sonidos de las vocales cortas asociando una acción a cada una.

A: Pretenda morder una manzana. Diga: «I see a worm in my apple! Aaaah! La *a* corta se pronuncia /ă/, ¡como la pronunciamos cuando dijimos que vimos un gusano en nuestra *apple*!».

E: Deslice un dedo por el borde de una mesa. Diga: «Eh-eh-edge. La *e* corta se pronuncia /ĕ/, como el sonido inicial de *edge*».

I: Rásquese la nariz. Diga «I have an ih-ih-itch. La *i* corta se pronuncial /ĭ/, como el sonido inicial de *itch*».

O: Abra la boca como si el doctor fuera a revisar su garganta. Diga: «Ohhhh. La *o* corta se pronuncia /ŏ/, como el sonido que haces cuando estás sorprendido».

U: Señale hacia arriba. Diga: «Uh-uh-up. La *u* corta se pronuncia /ŭ/ como el sonido inicial de *up*».

SEA CONCISO

Para evitar confundir a los lectores principiantes, no agregue el sonido de una vocal al hacer el sonido de una consonante. Por ejemplo, el sonido de la letra *t* es /t/, no /te/ (español) o /tuh/ (inglés).

LETRAS EN ARCOÍRIS

Dibuje una serie de arcos dejando un espacio entre cada uno. Escriba una letra o grupo de letras que formen un solo sonido debajo de todos los arcos. Luego, continúe en el arco inmediato superior. Use un marcador rojo o un crayón.

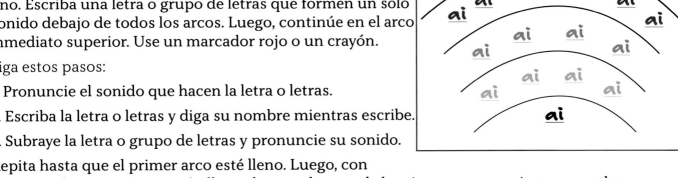

Siga estos pasos:

1. Pronuncie el sonido que hacen la letra o letras.

2. Escriba la letra o letras y diga su nombre mientras escribe.

3. Subraye la letra o grupo de letras y pronuncie su sonido.

Repita hasta que el primer arco esté lleno. Luego, con un marcador naranja o crayón llene el segundo arco de la misma manera mientras nombra, escribe, deletrea, subraya y lee. Repita en los siguientes arcos usando colores distintos.

CLASIFICACIÓN DE SONIDOS

En fichas catalográficas distintas, escriba letras o grupos de letras que hagan un solo sonido. Clasifíquelas en grupos como «sonido de a larga», «sonido de e larga», «sonido de i larga», «sonido de o larga», «sonido de u larga» o «sonido especial de vocal». ¿Hay otras maneras de clasificar las fichas?

LA DECODIFICACIÓN:
LOS SONIDOS FORMAN PALABRAS

La decodificación es la habilidad para pronunciar las palabras escritas. Los niños usan sus conocimientos del código del método fonético (phonics) para entender las palabras. Un niño con habilidades de decodificación sólidas tendrá mejores habilidades de comprensión de lectura.

Cuando su hijo puede ver una palabra, entender el sonido que cada letra representa y mezclar los sonidos para decir la palabra en voz alta, está decodificando. Una vez que pueda decodificar las palabras de manera independiente, tendrá las herramientas necesarias para comenzar a leer de manera fluida y con comprensión.

PRONUNCIANDO PALABRAS

Segmentación: Se refiere a la separación de una palabra en sus sonidos individuales.
   dog: /d/ /ŏ/ /g/   **sheep:** /sh/ /ē/ /p/

Combinación: Se refiere a la pronunciación de los sonidos de la palabra de manera continua, sin pausas. Pruebe estas técnicas para ayudar a su hijo con la combinación.

Combinación continua: Estire cada sonido antes de ir al siguiente, sin pausas. Puede deslizar su dedo sobre cada letra, de izquierda a derecha.
sip: sssssssssssiiiiiiiiip

Combinación final: Combine los primeros sonidos y luego agregue el sonido final.
sip: si-p

Combinación aislada: Pronuncie el primer sonido con más fuerza y luego los siguientes sonidos de manera más suave. El último sonido deberá ser el más suave.
sip: S i p

ACTIVIDADES PARA CONSTRUIR HABILIDADES DE DECODIFICACIÓN

RESÁLTELA

Use dos colores distintos para resaltar las consonantes y las vocales en una lista de palabras.

green　　**think**

MÁRQUELA

En una lista de palabras, marque las vocales con una *v* y las consonantes con una *c*. Subraye las letras que vayan juntas (equipos de vocales, mezclas de consonantes, equipos de consonantes, etc.).

gr ee n　　　th i nk
c c　v v　c　　c c　v　c c

ENMÁRQUELAS

En una lista de palabras, dibuje cuadros alrededor de las letras que vayan juntas.

gr ee n　　　th i nk

EL ARCOÍRIS DE LA E MÁGICA

Algunas palabras contienen el patrón de la vocal-consonante-*e*. La *e* al final es conocida como *e* mágica o *e* mandona o *e* muda. La vocal es larga y dice su nombre. Use esta estrategia para recordar la regla.

1. Escriba *v* debajo de la vocal y *c* debajo de la consonante que la sigue.

game
v c

2. Tache la *e*. Dibuje un arco para conectar la *e* a la vocal. Diga: «La *e* hace que la [nombre de la vocal] suene [nombre de la vocal]». Ejemplo: «La *e* hace que la *a* suene *a*».

gāme
v c

3. Pronuncie la palabra: /g/ /ā/ /m/.

LAS PALABRAS VISUALES Y LAS PALABRAS DE ALTA FRECUENCIA: CONSTRUYENDO EL ÉXITO

Conocer las palabras visuales y las de alta frecuencia es auxiliar en la construcción de fundamentos sólidos para los lectores principiantes. Ambos tipos de palabras son usadas con frecuencia en la lectura y la escritura. Una palabra visual es una palabra que no sigue las reglas comunes del método fonético (phonics) y la ortografía. No es decodificable o es muy difícil de decodificar. Las palabras de alta frecuencia son palabras decodificables que los estudiantes deben conocer para convertirse en lectores hábiles. Sin embargo, las reglas del método fonético necesarias para decodificarlas podrían no haberles sido enseñadas aún.

La palabra *like* es una palabra de alta frecuencia. Puede ser decodificada usando la regla de la «*e* mágica» o la «*e* mandona». A los niños que apenas están aprendiendo a leer palabras como *cat* y *sit* aún no se les ha enseñado esta regla. Sin embargo, dado que *like* es usada en muchos cuentos sencillos, con frecuencia es introducida como una palabra de alta frecuencia.

La palabra *have* es una palabra visual. Aparece con frecuencia, pero no sigue la regla de la «*e* mágica» o la «*e* mandona». Por lo tanto, esta palabra debe ser aprendida de memoria, o identificada visualmente.

SOLTÁNDOSE

¿Qué hacer cuando su hijo se atora leyendo una palabra o cuando decodifica una palabra de manera equivocada? Dele tiempo para que se dé cuenta. Con suavidad, ayude con estas estrategias:

- Deletree la palabra.
- Pregúntele: «¿Ves algunas letras que vayan juntas?».
- Pregúntele: «¿Ves algunas palabras más cortas dentro de la palabra completa?».
- Diga: «Vamos a pronunciar cada una de sus partes».

PEQUEÑO PERO PODEROSO

Sólo 13 palabras componen el 25 por ciento de todas las palabras en inglés en el mundo impreso.

a
and
for
he
in
is
it

of
that
the
to
was
you

ACTIVIDADES PARA APRENDER PALABRAS VISUALES Y PALABRAS DE ALTA FRECUENCIA

¡MANOTAZO!

Escoja cinco palabras nuevas. Escriba cada una en una nota adhesiva. Coloque las notas en la casa. Cuando su hijo encuentre una palabra, pida que la lea y luego le dé un manotazo a la nota.

PALABRAS COLORIDAS

Escriba una palabra a la mitad de una hoja de papel. Pida a su hijo que escoja un marcador de color o lápiz. Lea la palabra. Pida a su hijo que escriba la palabra con un color, diciendo en voz alta el nombre de cada letra mientras la escribe. Subraye la palabra de izquierda a derecha mientras lee la palabra. Luego, escoja otro color y repita. Continúe escogiendo colores hasta llenar la página.

Señálela

Escriba palabras en una ficha catalográfica. Pida a su hijo que lea en voz alta cada palabra. Pida a su hijo que use el dedo índice para señalar cada letra mientras dice su nombre. Luego, con un dedo, subraye la palabra de izquierda a derecha mientras lee la palabra. Repita con la siguiente ficha.

HABILIDADES DE DESCIFRAMIENTO:
LAS PALABRAS TIENEN PARTES

Los lectores hábiles pueden ver palabras desconocidas y separarlas en partes más pequeñas. Esto los ayuda a descifrar las palabras y entender cómo leerlas y qué significan. Cuando los lectores hacen esta separación, en ocasiones están viendo las letras de cada palabra. A veces, notan las sílabas que conforman la palabra. Otras veces, ponen atención a los prefijos, sufijos y otras partes de la palabra. Regularmente, los lectores hábiles llevan a cabo las tres. Saber cómo separar las partes de las palabras es importante para crecer como lector y desarrollar la fluidez. Los estudiantes de segundo grado se encuentran en la escuela con palabras cada vez más largas. Es esencial que cuenten con buenas habilidades de desciframiento.

TIPOS DE SÍLABAS

CERRADAS	ABIERTAS	E MÁGICA	EQUIPO DE VOCALES	R CONTROLADA	CONSONANTE + LE
hat rab-bit	me ba-by	time rep-tile	coat rac-coon	farm mar-ket	cas-tle ap-ple
La consonante está después de la vocal.	La vocal está al final de cada sílaba.	Contiene el patrón de la vocal-consonante-e muda.	Contiene dos o más vocales juntas.	La vocal es seguida de la letra r.	Contiene una consonante y le al final de una palabra.
Sonido de vocal corta.	Sonido de vocal larga.	Sonido de vocal larga.	Sonido largo, corto o especial.	/ar/, /or/, /ur/	Sonido de la consonante + /l/.

CÓMO SEPARAR UNA PALABRA

Palabra compuesta: ¿Está hecha de dos palabras más pequeñas? Dibuje una línea entre ellas.

Sufijo (la parte final): ¿Termina en *-ed, -ing, -ful, -tion,* etc? Dibuje una línea antes del sufijo.

Prefijo (la parte inicial): ¿Comienza con *pre-, un-, dis-,* etc? Dibuje una línea después del prefijo.

Letras dobles: ¿Las consonantes dobles están entre dos vocales? Dibuje una línea entre las dos consonantes.

V-C-C-V: ¿Hay dos consonantes (que juntas no producen un solo sonido) entre dos vocales? Dibuje una línea entre las dos consonantes.

V-C-V: ¿Hay una consonante entre dos vocales? ¿O un equipo de consonantes entre dos vocales?

-Dibuje una línea después de la primera vocal. Eso hace que la primera sílaba sea abierta y la vocal larga. ¿Eso forma una palabra? Si no, trate la primera vocal como si fuera una *e* corta. ¿Eso forma una palabra?

-Dibuje una línea después de la consonante o grupo de consonantes. Eso hace que la primera sílaba sea cerrada y la vocal corta. ¿Eso forma una palabra?

ACTIVIDADES PARA FORTALECER LAS HABILIDADES DE DESCIFRAMIENTO

RETO

Consiga una lista con palabras de dos, tres y cuatro sílabas. Use un cronómetro para descubrir quién es más rápido usando sus habilidades de silabización, separación y fonética para leer las palabras.

HAZ LA PALABRA

Consiga una lista de palabras de dos sílabas. Escriba cada sílaba en una ficha catalográfica diferente. Cada palabra tendrá una ficha para la primera sílaba y otra para la segunda. Coloque las fichas boca abajo y revuélvalas. El primer jugador levantará dos fichas. Si forman una palabra, el jugador se quedará con las fichas y levantará otras dos. Si las fichas no forman una palabra, el jugador las colocará de nuevo boca abajo en su lugar y el siguiente jugador intentará encontrar dos que formen una palabra. Continúen así hasta que todas las fichas estén emparejadas. Ganará el jugador que tenga el mayor número de palabras.

CACERÍA DE SÍLABAS

Escoge un tipo de sílaba (por ejemplo, sílabas cerradas) o una estrategia para separar las partes de una palabra (por ejemplo, dividir consonantes dobles). Busca en libros palabras que tengan ese tipo de sílaba o que puedan funcionar con esa estrategia de separación de palabras. Haz una lista con ellas. ¿Cuántas pudiste encontrar?

VIDEOMAESTRO

Con su hijo, grabe un video corto en el que se enseñe a otros a usar las reglas silábicas para separar palabras largas en partes. Con la aprobación de su hijo, muéstrela a su maestro.

LA FLUIDEZ:
LEYENDO CON FACILIDAD

La fluidez es la habilidad para leer con una velocidad y expresividad razonables. Alguien que lee con fluidez no necesita detenerse a decodificar cada palabra. Se pueden enfocar en lo que la historia o el texto significan. La fluidez es el puente entre la decodificación de palabras y su comprensión.

Su hijo que estudia el segundo grado comienza a leer con facilidad. Cuando lee en voz alta, su tono y expresión cambian para reflejar el significado del texto y responder a lo que sucede en la historia. La mayoría de los estudiantes de segundo grado comienzan el año escolar leyendo alrededor de 50 a 60 palabras por minuto. La meta es que lean 90 palabras por minuto al finalizar el grado. La mejor manera de incrementar la velocidad es a través de la práctica continua.

GRÁBELO

Después de que su hijo practique la lectura de un libro, haga un audio o video de su lectura en voz alta. Escúchenlo o véanlo juntos y hablen sobre lo que salió bien y lo que se debe mejorar. Si su hijo así lo desea, grábelo de nuevo.

CÓMO ENCONTRAR LOS LIBROS ADECUADOS

ACTIVIDADES PARA CONSTRUIR UNA LECTURA FLUIDA

RETO DEL LIBRO DE LA SEMANA

Escoja un libro que tenga alrededor de 50 a 80 palabras. Está bien que las palabras o las oraciones se repitan. El domingo, lean el libro juntos al menos una vez. Use un cronómetro mientras su hijo lee en voz alta. Anote el tiempo que le toma a su hijo leer. Anote también si su hijo necesitó ayuda. Lean el mismo libro el lunes. De nuevo, tome el tiempo a su hijo y anote si necesitó ayuda. Continúe con el mismo procedimiento cada día por una semana. Al final, muestre a su hijo las evidencias de cómo lee cada vez con más fluidez.

ECOS DE LECTURA

Escojan un libro favorito del nivel de lectura de su hijo. Lea la primera oración mientras su hijo desliza un dedo por las palabras que lee. Pida a su hijo que repita la primera oración mientras usted desliza un dedo por las palabras. Luego, usted leerá la siguiente oración mientras su hijo desliza el dedo. Después, su hijo deberá leer también la segunda oración mientras usted desliza el dedo. Continúe con el proceso hasta haber leído el libro completo. Recuerde modular la voz según lo que suceda en la historia. Anime también a su hijo a modular la voz.

DEMASIADO SENCILLO
- Conoces todas las palabras
- Puedes contar la historia con tus palabras fácilmente.
- Ya leíste el libro muchas veces.
- Lo lees demasiado rápido.
- ¿Esto describe a tu libro? Intenta con uno más difícil.

EL LIBRO PERFECTO
- Conoces la mayoría de las palabras.
- Entiendes lo que estás leyendo y lo puedes contar con tus propias palabras.
- Lees a una velocidad constante.

¿Esto describe a tu libro? Este libro es perfecto para ti.

DEMASIADO DIFÍCIL
- Hay muchas palabras difíciles.
- Olvidas información importante conforme lees.
- Estás leyendo muy lento.

¿Esto describe a tu libro? Intenta con uno más fácil.

EL VOCABULARIO:
LAS PALABRAS TIENEN SIGNIFICADOS

El vocabulario juega un papel crítico en el proceso de aprendizaje de la lectura. Los lectores jóvenes usan sus conocimientos sobre las palabras para dar sentido a lo que leen. Para entender lo que lee, un niño debe saber lo que significan las palabras. Los niños necesitan un amplio «banco de palabras» para echar mano de él mientras leen. Mientras mayor sea el vocabulario de un niño, tendrá mayor habilidad para comprender lo que lee o escucha. Conforme encuentra nuevas palabras, el niño las relaciona con palabras que ya conoce y las agrega a su creciente vocabulario. Algunas palabras son aprendidas de manera natural. Otras deben ser enseñadas. Los niños aprenden nuevas palabras a través de conversaciones diarias y experiencias que les enseñan sobre el mundo. Leer libros a su hijo también lo ayuda a tener un vocabulario amplio.

¡HAZ UN MAPA!

Crea un mapa conceptual. Escribe una palabra de vocabulario en el centro de una hoja de papel. Luego, divide la hoja en cuatro secciones. En la primera caja, escribe una definición sencilla. En la segunda caja, escribe ejemplos de palabras que signifiquen lo mismo que la palabra de vocabulario. En la tercera caja, haz conexiones con tu vida o con algo que sepas. En la cuarta caja, agrega una imagen que represente la palabra.

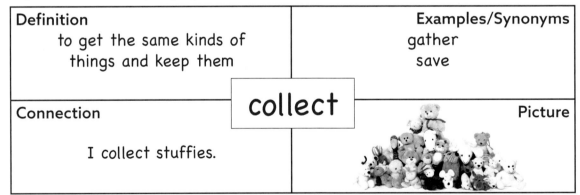

Definition	Examples/Synonyms
to get the same kinds of things and keep them	gather save
collect	
Connection	Picture
I collect stuffies.	

TIPOS DE VOCABULARIO

Vocabulario auditivo: Las palabras que escuchamos.

Vocabulario oral: Las palabras que decimos.

Vocabulario de lectura: Las palabras que leemos.

Vocabulario de escritura: Las palabras que escribimos.

ACTIVIDADES PARA LA CONSTRUCCIÓN DEL VOCABULARIO

PALABRAS PARA LA NO FICCIÓN

Escoja un libro de no ficción. Lea el libro a su hijo en voz alta. Hablen acerca de las palabras nuevas que encontraron. Pida a su hijo que comparta con otros las palabras que aprendió.

CONVERSACIÓN CON PALABRAS NUEVAS

Presente una palabra nueva a su hijo dándole una definición simple. Luego, dele un ejemplo que se relacione con las experiencias de su hijo. Pida a su hijo que también piense en un ejemplo. En los siguientes días, encuentre la oportunidad de usar la palabra nueva mientras conversa con su hijo.

LECTURA DE PALABRAS NUEVAS

Cuando su hijo esté leyendo, está bien que se detengan a hablar de una palabra nueva. Lean de nuevo la oración y pregunte a su hijo qué piensa que significa. Dele una definición para niños. Ayude a su hijo a hacer una conexión personal con la palabra.

MI DIARIO DE PALABRAS

Pida a su hijo que haga un diario de palabras. Use un cuaderno con espiral o una libreta. Escriba una palabra nueva para el vocabulario en cada página. Dibuje una representación de la palabra. Escriba una definición para niños. Escriba una oración que use esa palabra.

LA COMPRENSIÓN: ENTENDIENDO LO LEÍDO

La comprensión de la lectura es la esencia de la lectura misma. Es la habilidad que se tiene para entender los significados de lo leído. Es una habilidad compleja que se desarrolla con el tiempo. Los niños pueden comenzar a crecer en esta área dándose tiempo para pensar en lo que acaban de leer. Al leer, las mentes de los niños deben ser «encendidas» y pensar activamente sobre lo que están leyendo.

Los niños que cursan el segundo grado deben ser capaces de entender libros que leen por sí mismos, así como los libros que les son leídos. Pueden responder preguntas sobre una historia. Pueden encontrar evidencias buscando en las páginas del libro. Tratándose de libros de ficción, son capaces de hablar de los personajes, escenarios y sucesos principales. Tratándose de libros de no ficción, pueden repetir datos importantes del libro.

LOL!	Pasaje divertido.
*	Pasaje importante.
!	Pasaje sorprendente o impactante.
?	Pasaje confuso o palabra desconocida.
—✕—	Pasaje donde hice una conexión.
👁	Pasaje donde visualicé algo.
☁	Pasaje donde predije algo.
🔍	Pasaje donde entendí algo.

LECTURA ACTIVA

La lectura activa ocurre cuando el lector se concentra e involucra en el texto. El lector piensa en lo que está siendo leído y hace conexiones. Este tipo de lectura es esencial para la comprensión.

Puede ayudar a su hijo a practicar la lectura activa dibujando símbolos en notas adhesivas que muestren lo que está pensando mientras lee. Use los ejemplos de arriba.

ACTIVIDADES PARA FORTALECER LA LECTURA DE COMPRENSIÓN

LECTURA COMPARTIDA

Escojan un libro. Lea en voz alta el primer párrafo o las dos primeras oraciones. Hablen acerca de lo leído. Pida a su hijo que lea el párrafo siguiente o par de oraciones. Continúen hablando de la historia mientras leen de manera compartida.

HAZ UNA NOTA (LIBROS DE NO FICCIÓN)

Dobla una hoja de papel en cuatro. Al centro del papel, anota el tema principal del libro. Luego, en cada sección, anota e ilustra un dato acerca del tema.

INICIO-MITAD-FIN (LIBROS DE FICCIÓN)

Dobla una hoja de papel en tres partes. En la primera sección, dibuja y anota bajo una imagen lo que sucedió al inicio de la historia. En la segunda sección, dibuja y anota bajo una imagen lo que sucedió a la mitad. En la tercera sección, dibuja y anota bajo una imagen lo que sucedió al final de la historia. Usa los dibujos para hablar acerca de la historia y contarla con palabras propias.

PREGUNTAS DE COMPRENSIÓN

Para libros de no ficción (el mundo real)

Antes de leer
- ¿Qué título tiene? ¿Qué pistas te da el título acerca del libro?
- ¿Qué piensas que aprenderás leyendo este libro?

Durante la lectura
- ¿Hay palabras en negritas? ¿Por qué? ¿Qué información extra proporcionan?
- ¿De qué manera las imágenes y sus pies de foto te ayudan a entender las palabras?

Después de la lectura
- ¿De qué trata principalmente el libro? ¿Por qué ese tema es importante?
- ¿Qué te pareció más interesante sobre el tema?
- ¿Qué hizo el autor para que fuera más fácil encontrar la información (a través de encabezados, gráficos, etc.)?

Para libros de ficción

Antes de leer
- ¿Quién es el autor? ¿Quién es el ilustrador? ¿A qué se dedican?
- ¿Qué piensas que sucederá en la historia?

Durante la lectura
- ¿Qué piensas que sucederá después? ¿Cómo piensas que reaccionarán los personajes?
- ¿De qué manera las ilustraciones explican lo que está sucediendo?

Después de la lectura
- ¿Cuál es el problema que plantea la historia? ¿Cómo fue solucionado el problema?
- ¿Cuál es el escenario de la historia? ¿En dónde se llevó a cabo?
- ¿Cómo cambia el personaje principal desde el principio hasta el final?

LA ESCRITURA:
DEMOSTRANDO LA COMPRENSIÓN

Con frecuencia, a los niños se les pide que escriban sobre lo que leyeron. También escriben para hablar de sus propias ideas. Cuando los niños escriben, demuestran su conocimiento del método fonético (phonics), de palabras de alta frecuencia, su vocabulario y más. Muestran que han internalizado lo que aprendieron y que lo hicieron propio.

Los estudiantes de segundo grado suelen sentirse orgullosos de su creciente habilidad para expresar sus ideas a través de la escritura. Su letra manuscrita se hace más clara. Pueden escribir diversas oraciones sobre un mismo tema. Expanden, revisan y editan su propio trabajo. Los estudiantes que cursan el segundo grado están comenzando a recordar el uso de letras mayúsculas y los signos de puntuación. Su ortografía se vuelve más precisa.

CUANDO ESCRIBIR SE VUELVE DIFÍCIL

- En la computadora, use una función de texto a voz. Luego, pida a su hijo que copie a mano en una hoja de papel.

- Use un mapa conceptual. Escriba el tema en un recuadro en la parte superior de una hoja de papel. Debajo, dibuje tres recuadros más pequeños. Escriba o dibuje un pasaje o ejemplo en cada uno de los recuadros pequeños. Use el mapa para ayudarlo a escribir un párrafo.

- Pida a su hijo que le diga qué escribir. Ayúdelo a formar las oraciones. Cuando acabe, su hijo puede copiar lo que usted escribió.

- Cuando su hijo comience a escribir, programe un temporizador por diez minutos. Cuando suene la alarma, tome un descanso de diez minutos. Continúe haciendo lo mismo hasta que el proceso de escritura esté concluido.

¡NO OLVIDES LAS MAYÚSCULAS!

Usa las mayúsculas cuando se necesiten.
No olvides la puntuación.
Recuerda la ortografía y los espacios.
Todas las oraciones tendrán sentido.

ACTIVIDADES PARA FORTALECER LAS HABILIDADES DE ESCRITURA

DIME CÓMO

Pida a su hijo que escoja una tarea diaria, como tender su cama o lavarse las manos. Pida a su hijo que escriba las instrucciones paso a paso. Luego, lea esos pasos y sígalos al pie de la letra. Pida a su hijo que edite las instrucciones para hacerlas más claras. Luego, inviertan los papeles.

PALABRAS VIVAS

Good, big, nice. Algunas palabras son genéricas y no hacen que la escritura sea atractiva. En una libreta, escribe una palabra genérica en la parte superior de la página. Debajo, escribe palabras que puedan reemplazarlas. Conforme encuentres más palabras para dar más «vida» a tu escritura, agrégalas a tu libreta. Usa estos ejemplos:

good: *excellent, delightful, amazing*

big: *huge, gigantic, enormous*

nice: *kind, thoughtful, gracious*

ESTIRANDO LAS ORACIONES

Pida a su hijo que escriba una oración de tres a cinco palabras. Escríbalas en una nota adhesiva o ficha catalográfica y colóquela frente a su hijo. Luego, pídale que piense en más palabras para agregar a la oración y hacerla más larga. Haga una nota adhesiva o ficha por cada palabra nueva. ¿Qué tan larga puede hacer una oración su hijo?

The pig ate.

The pig ate ice cream.

The pink pig ate rocky road ice cream.

The pink pig with orange spots ate rocky road ice cream.

The pink pig with orange spots ate rocky road ice cream at the park.

LA ESCRITURA:
HACERLO CON UN OBJETIVO

Los estudiantes de segundo grado escriben por una variedad de razones. Escriben para contar experiencias personales y las experiencias de personajes ficticios. Escriben reportes para explicar hechos. Escriben cartas para convencer a otros de concordar con ellos. Los niños que escriben a esta edad están aprendiendo a pensar acerca de quiénes leerán lo que escriben y cómo asegurarse de que su escritura le hable a su audiencia.

Los estudiantes de segundo grado pueden organizar su escritura para que coincida con sus objetivos. Pueden colocar las oraciones en un orden lógico. Escriben historias con un inicio, nudo y desenlace. Escriben párrafos que incluyen una idea principal u oración temática, oraciones que ofrecen detalles y ejemplos, así como una oración final o de cierre.

TIPOS DE ESCRITURA

Escritura narrativa: Cuenta una historia.

Escritura informativa: Proporciona información.

Escritura de opinión: Expresa una opinión.

CÓMO ESCRIBIR UN PÁRRAFO

Un párrafo que proporciona información o expresa una opinión puede ser escrito con cinco oraciones. La primera oración es la idea principal u oración temática que expresa lo que se explicará en el párrafo. Las tres oraciones siguientes contienen detalles o ejemplos que fortalecen, demuestran o explican la idea principal. La quinta y última oración concluye el párrafo. Los niños pueden usar sus dedos para recordar las partes necesarias para escribir un buen párrafo.

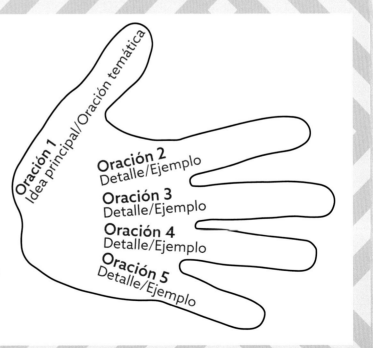

Oración 1
Idea principal/Oración temática

Oración 2
Detalle/Ejemplo

Oración 3
Detalle/Ejemplo

Oración 4
Detalle/Ejemplo

Oración 5
Detalle/Ejemplo

ACTIVIDADES PARA FORTALECER LAS HABILIDADES DE ESCRITURA

EN MI OPINIÓN...

Bajo su supervisión, ayude a su hijo a escribir y enviar una reseña en línea de un libro, película, producto o receta que haya intentado. Anímelo a que ponga en práctica la escritura de opiniones convincentes a través de razones, evidencia y ejemplos que respalden sus conclusiones.

HISTORIAS FAMILIARES

Anime a su hijo a aprender acerca de la historia de su familia hablando con usted y otros familiares sobre anécdotas y sucesos del pasado. ¿Qué deporte jugaba su abuelo cuando era joven? ¿Qué le pasó a la tía Rosita en una acampada? Su hijo puede escuchar muchas historias y escoger su favorita para luego escribirla e ilustrarla. Compartan la historia escrita con los miembros de la familia.

MANTÉN UN DIARIO

Anime a su hijo a que tenga un diario. Podría hacer anotaciones diarias, preguntas, dibujos, ideas y listas. Ocasionalmente, dele ideas para las anotaciones. Por ejemplo, diga: «Escribe acerca de lo que te gustaría hacer este verano» o «Escribe algo sobre lo que tengas dudas».

INSPIRACIÓN FOTOGRÁFICA

Ayude a su hijo a buscar en línea una fotografía interesante. Podría mostrar a un animal, un lugar en la Tierra, un invento, un personaje histórico o algo más. Anímelo a investigar acerca del tema de la foto y a escribir un reporte breve en el que cuente los hechos que aprendió.

LA ORTOGRAFÍA:
USANDO EL CÓDIGO

Cuando los niños pronuncian una palabra, usan sus conocimientos del código del método fonético (phonics) para decodificarla. Por el contrario, cuando deletrean una palabra, usan sus conocimientos del código del método fonético para codificarla. Deben emparejar una letra o grupo de letras con cada uno de los sonidos que escuchan dentro de una palabra. Usualmente, los niños pueden leer las palabras antes de poder deletrearlas. Pero practicar el deletreo mejora las habilidades de lectura. Los buenos deletreadores son generalmente buenos lectores y viceversa.

Los estudiantes de segundo grado practican el deletreo de palabras que siguen las reglas del método fonético. También deletrean palabras de uso frecuente que no siguen las reglas del método fonético. Al finalizar el año escolar, se espera que los estudiantes de segundo grado deletreen palabras con vocales cortas, palabras con vocales largas, palabras en las que la vocal sea seguida por la letra *r* y palabras con mezclas de consonantes. También son introducidos a palabras compuestas, como *sandbox*.

APRENDIENDO A ESCRIBIR PALABRAS FUERA DE LA NORMA

Muchas palabras del inglés no siguen las reglas del método fonético. Aun así, es importante que los niños sepan cómo escribirlas correctamente. Pruebe estas estrategias:

Di, deletrea y escribe, lee y subraya: Di la palabra. Escríbela mientras dices el nombre de cada letra. Subraya la palabra de izquierda a derecha mientras la lees. Hazlo cinco veces seguidas.

Triángulo de palabras: Di la palabra. Escribe la primera letra. Di la palabra. Escribe las primeras dos letras. Di la palabra. Escribe las primeras tres letras. Continúa así hasta que la palabra quede escrita. Luego, di la palabra y escríbela tres veces más. Ve el ejemplo a la derecha.

d
do
doe
does
does
does
does

Trázala: Escribe la palabra y léela. Traza cada letra con tu dedo mientras dices su nombre. Con un dedo recorre la palabra por debajo, de izquierda a derecha, mientras la lees. Repítela tres veces. Luego, cierra los ojos y usa el dedo para escribir cada letra de la palabra en el aire.

Sepárala: Separa una palabra larga en sílabas o grupos de letras. Di la palabra. Escribe cada parte de ella, diciendo los nombres de las letras conforme las escribes. Haz una pausa después de cada grupo. Lee la palabra. Repítela tres veces.

second: sec-ond   OR   se-co-nd

ACTIVIDADES PARA FORTALECER LAS HABILIDADES ORTOGRÁFICAS

ENCUÉNTRALA

Escriba dos listas de palabras, una al lado de otra de manera que cada par muestre una palabra escrita correctamente y otra escrita incorrectamente. Pida a su hijo que encuentre las palabras escritas correctamente.

NOTEN PATRONES

Haga que su hijo mire un conjunto de palabras y note cualquier patrón. Por ejemplo: «I see that when long *a* is at the end of a word, it is spelled *ay*». Estudien estas palabras juntos.

TIREN LOS DADOS

Prepare un juego de 20 tarjetas con palabras para cada jugador. Escoja palabras adecuadas para el grado escolar de cada niño. Use palabras visuales, palabras de listas ortográficas previas de su hijo o palabras adecuadas al grado escolar que corresponda que encuentre en línea. Coloque cada juego de tarjetas boca abajo. El primer jugador tirará un dado y sacará de su juego de tarjetas el número de estas que corresponda (si el dado cae en 4, deberá sacar 4 tarjetas). Pida a alguien que lea cada palabra en voz alta mientras el jugador la deletrea. El jugador se queda con la carta de cada palabra que haya deletreado correctamente. Si da una respuesta incorrecta, la tarjeta deberá ser regresada al juego de tarjetas. Túrnense para tirar el dado, sacar tarjetas y deletrear. El primer jugador que tenga 10 tarjetas, gana.

¿USO UNA C O UNA K?

Cuando escriba una palabra que comience con el sonido /k/, ¿cómo podemos saber qué letra usar? Depende de qué vocal esté a continuación. Esta rima ayudará: *C goes with a, o, and u, and k goes with the other two (e, i)*. Úsela con palabras como *kid*, *can*, *cut* y *keep*.

C goes with *a*, *o*, and *u*.	K goes with the other two.

QUÉ HACER CUANDO SU HIJO ENFRENTA DIFICULTADES

Como padre de familia, es frustrante que su hijo enfrente dificultades. Cuando sucede, es importante que busque ayuda. Comience por el profesor titular de su hijo, quien podría darle una atención más personalizada e indicarle estrategias para llevar a cabo en casa. También puede ponerse en contacto con un especialista de lectura o un maestro de educación especial en su escuela o distrito escolar. Tutores, profesionales de la educación privados y clínicas de lectura son otras opciones para ayudar a su hijo.

Si su hijo continúa experimentando dificultades, pida a la escuela una reunión en la que se incluya al profesor titular, al orientador de lectura o lingüística, al psicólogo escolar, al consejero escolar y al profesor de educación especial. Será una oportunidad para que todos sean honestos y abiertos de una manera solidaria. El propósito de dicha reunión sería reunir información para decidir cómo proceder. Algunos resultados posibles serían la aplicación de una evaluación formal para el ingreso a educación especial, creación de un Plan 504 o un Plan de Educación Individualizada (Individualized Education Plan, IEP), clases intensivas por parte del profesor titular o consultas con un pediatra para un posible diagnóstico médico.

PREGUNTAS PARA LA DISCUSIÓN EN GRUPO

- ¿El niño muestra problemas de atención en la escuela? ¿En casa?
- ¿Una asistencia baja está causándole un impacto?
- ¿Cuándo fue la última vez que la vista y el oído del niño fueron evaluados?
- ¿El niño enfrentó dificultades con la lectura en grados escolares anteriores?
- ¿Qué estrategias y apoyos han sido aplicados? ¿Tuvieron éxito?
- ¿El niño tiene alguna condición médica que podría causar un impacto en el aprendizaje?

CÓMO AYUDAR EN CASA

Si las capacidades de lectura de su hijo se encuentran por debajo de su grado escolar, le convendrá contar con el apoyo de su profesor titular y de otros expertos. Sin embargo, usted tiene un rol importante que jugar. Animar a su hijo puede hacer una gran diferencia en lo que se refiere a sus actitudes sobre la lectura, la motivación para leer y un crecimiento firme como lector. Pruebe estos consejos:

1. PONGA ATENCIÓN A LAS CAUSAS DE LAS DIFICULTADES

No todos los problemas con la lectura son iguales. Usted está en una posición única para notar cuándo y por qué es que su hijo enfrenta dificultades. Lea con su hijo y ponga atención a aquello en lo que enfrenta dificultades. Así, estará en posibilidades de hacer un plan para buscar ayuda. Algunas razones para preocuparse son la evasión de la lectura, una lectura en voz alta lenta o dificultosa y tener dificultades para leer libros muy por debajo de su nivel. Comparta con los profesores de su hijo sus observaciones y preocupaciones específicas.

2. SIGAN LEYENDO

Haga de la lectura diaria una parte divertida de la rutina en casa. Asegúrese de que su hijo cuente con un acceso fácil a una variedad de materiales de lectura. Deje que su hijo vea que usted lee por gusto y para encontrar información. Hablen sobre lo que usted está leyendo y anímelo a hablar sobre lo que él lee. Esto los llevará a tener conversaciones estimulantes que ayuden a su hijo a incrementar su vocabulario y fortalecer sus habilidades lingüísticas.

3. ENCUENTRE LOS LIBROS ADECUADOS

Deje que su hijo escoja libros que le interesen. Busque libros que se relacionen con sus intereses. Leer libros que forman parte de series es una buena manera de fortalecer la comprensión de lectura ya que los niños se familiarizan con las diferentes aventuras de un mismo personaje. Las novelas gráficas y los libros por capítulos para principiantes pueden ayudar a su hijo a cruzar el puente entre los libros ilustrados y los libros de lectura en voz alta hacia la lectura casi independiente.

4. DIVIÉRTANSE

A veces, los niños reciben el mensaje de que la lectura es una obligación. Hágala divertida animando a su hijo a hacer dibujos y escribir historias sobre sus personajes favoritos, actuar las historias y turnarse leyendo en voz alta con usted o con un hermano. Al unirse a la diversión, su hijo fortalecerá adecuadamente sus habilidades y crecerá como lector.

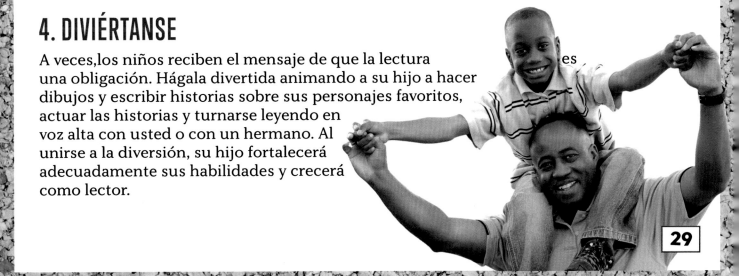

GLOSARIO

alfabetización: El desarrollo de las habilidades para leer y escribir.

ciencia de la lectura: Un cuerpo de investigación que muestra los aspectos más importantes y efectivos de la educación para la lectura.

comprensión de lectura: La habilidad para entender e interpretar lo que se lee.

conciencia fonémica: La habilidad para identificar y manipular sonidos individuales en palabras habladas.

conciencia fonológica: La habilidad para identificar y manipular sílabas y otras partes de las palabras habladas.

decodificar: La habilidad para pronunciar las palabras escritas.

ELA: English language arts (Lengua y Literatura del Inglés).

ELL: English language learner (estudiante del idioma inglés).

ESE: Exceptional student education (educación para estudiantes excepcionales).

estándares: Oraciones simples que describen lo que los estudiantes deberían saber o saben como resultado de lo que están aprendiendo en la escuela.

fluidez: La habilidad para leer con rapidez, precisión y una expresión adecuada.

IEP: Individualized education plan (plan de educación individualizada). Un plan personalizado que describe las clases, apoyos y servicios de educación especializada que un niño necesita.

lectura activa: Cuando un lector piensa acerca del texto que lee y está concentrado e involucrado en él.

método fonético (phonics): El emparejamiento del inglés hablado con letras individuales o grupos de letras; la relación entre sonidos y letras.

nivel Lexile: Una medición científica de la complejidad y legibilidad de un texto.

palabra de alta frecuencia: Una palabra que suele aparecer en materiales escritos y que puede ser decodificada usando reglas comunes del método fonético (phonics).

palabra visual: Una palabra que aparece con frecuencia en materiales escritos y que puede ser difícil de decodificar usando las reglas comunes del método fonético (phonics).

Plan 504: Un plan que describe los ajustes que hará la escuela para acompañar la educación del alumno.

RTI: Response to intervention (respuesta a la intervención). Una estrategia educativa que busca identificar de manera temprana a los estudiantes que enfrentan dificultades y proporcionarles el apoyo que necesitan para tener éxito en la escuela.

sílaba: Una parte de una palabra que contiene el sonido de una vocal.

Tier 1 instruction (clases de nivel 1): Clases para todos los estudiantes del grupo basadas en los estándares de aprendizaje del grado que corresponda.

Tier 2 instruction (clases de nivel 2): Clases para grupos peqcíficas.

Tier 3 instruction (clases de nivel 3): Clases para grupos pequeños de estudiantes que requieren de ayuda y apoyo más intensivos.

vocabulario: El conocimiento de palabras y su significado.

INFORMACIÓN ADICIONAL (EN INGLÉS)

Para saber más acerca de la ciencia de la lectura:
https://teacherblog.evan-moor.com/2022/05/02/what-parents-need-to-know-about-the-science-of-reading/

Para saber más acerca de las conciencias fonológica y fonémica:
https://readingteacher.com/what-is-phonological-awareness-and-why-is-it-important/

Para saber más acerca del método fonético (phonics) y la decodificación:
https://www.twinkl.com/teaching-wiki/decoding

Para saber más acerca del desarrollo del vocabulario:
https://www.edutopia.org/article/6-quick-strategies-build-vocabulary/

Para saber más acerca la comprensión de lectura:
https://www.readnaturally.com/research/5-components-of-reading/comprehension

Para saber más acerca los IEP y los Planes 504:
https://www.understood.org/en/articles/the-difference-between-ieps-and-504-plans

Parte de la información contenida en este libro provino de los siguientes sitios web:
- Florida Center for Reading Research https://fcrr.org
- Home Reading Helper https://www.homereadinghelper.org
- International Dyslexia Association https://dyslexiaida.org
- North Carolina Department of Public Instruction https://www.dpi.nc.gov
- Reading Rockets https://www.readingrockets.org

Escrito por: Madison Parker, M.Ed.
Diseño de: Rhea Magaro-Wallace
Desarrollo de la serie de: James Earley
Edición de: Kim Thompson
Traducción al español: Base Tres

Photo credits: Shutterstock

Library of Congress PCN Data
Ayudando a mi hijo con la lectura: 2o grado / Madison Parker, M.Ed.
Una guía para el acompañamiento lector

ISBN 979-8-8904-2935-3 (hardcover)
ISBN 979-8-8904-2927-8 (paperback)
ISBN 979-8-8904-2943-8 (eBook)
ISBN 979-8-8904-2951-3 (ePUB)
Library of Congress Control Number: 2024933153
Printed in Canada/052024/CP20240501

Seahorse Publishing Company

www.seahorsepub.com

Published in the United States
Seahorse Publishing
PO Box 771325
Coral Springs, FL 33077